BEI GRIN MACHT SICH IHR
WISSEN BEZAHLT

AF167053

- Wir veröffentlichen Ihre Hausarbeit,
  Bachelor- und Masterarbeit

- Ihr eigenes eBook und Buch -
  weltweit in allen wichtigen Shops

- Verdienen Sie an jedem Verkauf

Jetzt bei www.GRIN.com hochladen
und kostenlos publizieren

Behinderte Menschen im Talentmanagement. Überblick zum Forschungsstand

GRIN

Bibliografische Information der Deutschen Nationalbibliothek:

Die Deutsche Nationalbibliothek verzeichnet diese Publikation in der Deutschen Nationalbibliografie; detaillierte bibliografische Daten sind im Internet über http://dnb.d-nb.de abrufbar.

ISBN: 9783346470645
Dieses Buch ist auch als E-Book erhältlich.

© GRIN Publishing GmbH
Nymphenburger Straße 86
80636 München

Druck und Bindung: Books on Demand GmbH, Norderstedt Germany
Gedruckt auf säurefreiem Papier aus verantwortungsvollen Quellen

Das vorliegende Werk wurde sorgfältig erarbeitet. Dennoch übernehmen Autoren und Verlag für die Richtigkeit von Angaben, Hinweisen, Links und Ratschlägen sowie eventuelle Druckfehler keine Haftung.

Das Buch bei GRIN: https://www.grin.com/document/1045560

Literaturreview / Seminararbeit

Behinderte Menschen im
Talent Management

Inhaltsverzeichnis

Abkürzungsverzeichnis

HR   Human Resources

KMU   Kleines oder mittleres Unternehmen

1. Einleitung

Der heutige Arbeitsmarkt und die damit verbundene Personalarbeit sind geprägt vom demografischen Wandel, der eingeschränkten Verfügbarkeit von Fach- und Führungskräften sowie der Notwendigkeit für Unternehmen, sich an die schnell ändernden Märkte, Rahmenbedingungen und den Wettbewerb anzupassen. Der aus diesen Faktoren resultierende *War for Talents* (=Kampf um die Besten) hält bis heute weiter an. Hieraus wird deutlich, dass das Talent Management mit einer klaren Notwendigkeit begründet ist und einen bedeutsamen Beitrag zu den Unternehmenszielen und dem Unternehmenserfolg leistet (vgl. Enaux/Henrich 2011, S. 10-11). Somit gewinnt auch die Integration von Menschen mit Behinderung in diesen Zeiten an besonderer Bedeutung. Unternehmen sehen sich insbesondere im Hinblick auf den demografischen Wandel und die sich daraus ergebende Alterung der Erwerbstätigen darin verpflichtet, das Potential von Mitarbeitenden mit gesundheitlichen Einschränkungen optimal zu nutzen (vgl. Kabst/Krebs 2018, S. 3). Menschen mit Behinderung gehören mit etwa 15 Prozent zu einer der größten Minderheitsgruppen der Welt, allerdings ist die Quote der Arbeitslosigkeit fast doppelt so hoch wie bei gesunden Menschen (vgl. OECD 2010, zitiert nach Kensbock/Böhm 2018, S. 20). Eine deutlich höhere Beschäftigungsquote würde für alle Betroffenen einen Vorteil darstellen. So wirkt sich die Arbeitslosigkeit negativ auf das Selbstbewusstsein und die Psyche aus (vgl. Dooley 2003, zitiert nach Kensbock/Böhm 2018). Des Weiteren können durch eine Beschäftigung von Menschen mit Behinderung nicht nur gesetzliche Vorgaben und Quoten erfüllt werden, und somit Sozialausgaben reduziert werden, die Produktivität kann gesteigert werden und das Rekrutierungspotential wird erweitert (vgl. Baumgärtner/Böhm 2018 S. 14; Kensbock/Böhm 2018, S.20).

2. Theoretischer Bezugsrahmen

2.1 Begriffsdefinition Talent Management

Häufig wird der Begriff der Personalentwicklung mit dem Begriff des Talent Management gleichgestellt. Zwar erkannten Unternehmen, dass es Vorteile birgt, die Mitarbeitenden nicht nach deren Wünschen oder Schwächen weiterzuentwickeln, sondern diese an ihren Stärken orientiert gezielt auf bestimme Positionen im Unternehmen hin zu entwickeln. Allerdings hat dabei nicht immer eine Entwicklung von der Personalentwicklung hin zu einem echten Talent Management-Ansatz stattgefunden. Talent Management ist in diesem Sinne nichts wirklich Neues, es verlangt jedoch eine ganzheitliche Betrachtung und Bündelung der Talentströme des gesamten Unternehmens über einzelne Funktions- und Unternehmensbereiche hinweg (vgl. Bittlingmaier 2019, S. 50; Krings 2018, S. 17-18). Im Einzelnen lassen sich vier zusammenfassende Handlungsfelder des Talent Management definieren. Es geht darum, Talente für das Unternehmen zu gewinnen (Recruiting), sie im Unternehmen zu halten (Retention), die Talente zielgerichtet und stärkenorientiert zu entwickeln (Development) sowie in den Positionen einzusetzen, in denen sie ihr Potential optimal ausschöpfen können (Placement) (vgl. Bittlingmaier 2019, S. 49).

2.2 Begriffsdefinition Diversity Management

Diversity kommt aus dem Lateinischen (diversitas) und wird mit Vielfalt, Unterschiedlichkeit oder auch Verschiedenheit übersetzt. Diversität existiert in jedem Unternehmen – und das in zahlreiche Formen: Mitarbeitende verschiedenen Geschlechts und Alter, mit und ohne Behinderung, mit unterschiedlicher Religionszugehörigkeit und sexueller Orientierung. Diese Erkenntnis ist allerdings nicht neu. Neu hingegen ist die Überlegung, wie diese Vielfalt in Unternehmen eingesetzt und nutzbar gemacht werden kann, um Wettbewerbsvorteile zu erlangen. Unter Diversity Management versteht sich also der produktive Umgang mit Vielfalt in einem strategischen Gesamtkonzept. Auch im Bereich des Talent Managements wird das Diversity Management eingesetzt – zur Verbesserung der Ansprache von Talenten aller Art sowie der Erschließung neuer Zielgruppen (vgl. Gutmann 2019, S. 279 ff.).

2.3 Begriffsdefinition Behinderung

Nach § 2 des Sozialgesetzbuches IX sind Menschen mit Behinderung Menschen, die *„körperliche, seelische, geistige oder Sinnesbeeinträchtigungen haben, die sie in Wechselwirkung mit einstellungs- und umweltbedingten Barrieren an der gleichberechtigten Teilhabe an der Gesellschaft mit hoher Wahrscheinlichkeit länger als sechs Monate hindern können. Eine Beeinträchtigung nach Satz 1 liegt vor, wenn der Körper- und Geisteszustand vom dem für das Lebensalter typischen Zustand abweicht"* (§ 2 SGB IX).

3. Aktueller Forschungsstand

3.1 Methode

Die Literaturübersicht basiert auf der Recherche der gängigen Datenbanken Business Source Premier, COMPLIANCE digital, EconBiz, WISO, ScienceDirect sowie der Bibliothek der Dualen Hochschule. Die Artikel für die Analyse geben den aktuellen Forschungsstand wieder und sind daher nicht älter als aus dem Jahr 2018. Des Weiteren wurden Artikel auf Deutsch und Englisch berücksichtigt. Daraufhin wurden fünf Artikel ausgewählt und diskutiert.

3.2 Wertschätzung und Wertschöpfung

Baumgärtner und Böhm (2018) untersuchten bei der Audi-AG, wie inklusive HR-Praktiken die Reintegration von Menschen mit Behinderung ermöglichen und ein positives Klima in Unternehmen erzeugt werden kann. Die Arbeit stellt des Weiteren die Frage, inwiefern sich dies auf die Leistung im Unternehmen auswirkt. In der Untersuchung wurden zwei quantitative Erhebungen per Fragebogen sowie qualitative Fokusgruppeninterviews mit allen relevanten Stakeholder-Gruppen des Unternehmens durchgeführt (vgl. Baumgärtner/Böhm 2018, S. 15).

Die Audi AG ist vom demografischen Wandel betroffen und steht vor der Herausforderung, eine alternde Belegschaft und die damit zusammenhängenden, häufiger auftretenden gesundheitlichen Einschränkungen sowie Behinderungen so zu koordinieren, dass die Beschäftigungsfähigkeit dieser oft wichtigen Wissensträger erhalten bleibt. Dies ist für die Audi AG nicht nur ein Beitrag zum sozialen Faktor, sondern auch eine wirtschaftliche Entscheidung. Das Unternehmen wählte für die (Re-)Integration seiner Mitarbeitenden einen ganzheitlichen, interdisziplinären Ansatz. Sogenannte Koordinationsteams aus mehreren Bereichen erarbeiteten individuelle Lösungen für die Mitarbeitenden. Angeboten wurden alternative Arbeitsplätze und Tätigkeiten. Des Weiteren wurden verschiedene Qualifikationsmaßnahmen und ergonomische Anpassungen vorgenommen und die Mitarbeitenden an einem anderen Einsatzort eingearbeitet. Wichtig hierbei ist die Rolle der Führungskraft, denn diese Person trägt die Verantwortung dafür, die Lösung so zu optimieren, dass der Gesamterfolg des Teams, in welchen die/der Mitarbeitende mit Behinderung integriert ist, auch gewährleistet und messbar ist (vgl. Baumgärtner/Böhm 2018, S. 16).

Die Befragung der Mitarbeitenden während der Studie zeigte, „dass insbesondere die Kommunikation, Wertschätzung und unterstützende Führung wichtige Erfolgsfaktoren der Integration sind und diese weichen Faktoren als bedeutender wahrgenommen werden als harte Faktoren (z. B. durch genügend ergonomische Arbeitsplätze)" (Baumgärtner/Böhm

3

2018, S. 16). Die Studie verdeutlichte des Weiteren, dass insbesondere die Rolle der Führungskraft als wichtig einzustufen ist, um eine erfolgreiche Integration durchführen zu können. Die Führungsperson schafft Akzeptanz und sensibilisiert die Mitarbeitenden für die anstehenden Änderungen.

Die Studie analysierte weiterhin in der zweiten Befragungsrunde den Einfluss verschiedener Führungsstile. Dabei stellte sich heraus, dass ein Führungsstil, welcher den Fokus auf die Gesundheit der Mitarbeitenden, das Management von Belastungen und dringliche gesundheitliche Probleme legt, einen signifikanten Einfluss auf den Gesundheits- und Krankenstand in einem Team hat. Hierbei konnte aufgezeigt werden, dass behinderungsdiverse Teams mit einem positiven Diversitätsklima insgesamt mehr Ideen generieren als diverse Teams mit negativerem Klima oder homogenen Teams (vgl. Baumgärtner/Böhm 2018, S. 17).

Das Beispiel der Studie zeigte, dass es großen Unternehmen durchaus möglich ist, Expertise und Wissen aus verschiedenen Fachrichtungen einzubinden, um die bestmöglichen Lösungen für Return-to-work-Mitarbeitende mit Behinderung zu schaffen. Durch Schulungen werden hier die Mitarbeitenden und Führungspersonen in der Thematik geschult. Allerdings stellt sich die Frage, inwiefern diese Inklusionsprozesse auf kleine oder mittlere Unternehmen (KMU) anwendbar sind. Zwar kann davon ausgegangen werden, dass ein Unternehmen in der Größenordnung der Audi AG die Ressourcen aufbringen kann, um die Mitarbeitenden aufwendig zu betreuen und zu schulen, aber ob dies auch für Unternehmen kleinerer Größenordnung der Fall sein kann, bleibt offen. Oft haben kleinere Unternehmen nur begrenzte Mittel zur Verfügung, um die Arbeitsbedingungen entsprechend anpassen zu können. Die Audi AG bietet zudem als letzten Ausweg die Versetzung von Mitarbeitenden in einen anderen Fachbereich. Auch dies wird sich in kleineren Unternehmen nicht immer durchführen lassen. Weitere Untersuchungen könnten durchgeführt werden, um zu prüfen, ob sich die Faktoren, die in diesem Fall zu einer erfolgreichen Inklusion führen, auch auf KMU übertragen lassen. Ferner wurde in dem Artikel nicht offengelegt, wie die einzelnen Interviewpartner*innen ausgewählt wurden oder ob hier ein repräsentativer Durchschnitt vorliegt, das heißt, ob Mitarbeitende allen Alters oder Geschlechts ausgewählt wurden.

3.3 Führungskräfte

Die Frage, wie transformationale Führung in einer Organisation oder einem Unternehmen aussehen kann und wie sich diese auf die Arbeitsleistung und die psychische Verfassung der Angestellten auswirkt, wurde in einer Studie eines israelischen Call-Centers, das fast ausschließlich Menschen mit Behinderung angestellt hat, untersucht. Dabei wurden Interviews mit Mitarbeitenden mit Behinderung und eine Fragebogenerhebung mit Verantwortlichen und Führungskräften durchgeführt (vgl. Kensbock/Böhm 2018, S. 21).

Im Beispiel des Call-Centers haben alle Führungskräfte die Vision verinnerlicht, dass das Wohlbefinden und die Weiterentwicklung aller Mitarbeitenden über den geschäftlichen Aktivitäten stehen. Das Unternehmen geht davon aus, dass die Arbeit gelernt werden kann, die Einstellung und Motivation der Angestellten hingegen von vornherein stimmen müssen. Weiterhin investieren Führungskräfte einen großen Teil der eigenen Energie und Arbeitszeit darin, die gemeinsame Mission zu verwirklichen. Hierzu gehört auch, ethische Standards tief in der Firmenphilosophie zu verankern (vgl. Kensbock/Böhm 2018, S. 23). In diesem Kontext hat die transformationale Führung einen positiven Einfluss auf Menschen mit Behinderung. Sie trägt dazu bei, dass sich Mitarbeitende als einen wichtigen Teil des Unternehmens verstehen. Das Selbstbewusstsein steigt und dies führt zu einer positiven Arbeitsleistung, dies wiederum beugt emotionale Erschöpfung und Burn-out vor. Die Mitarbeitenden sind also in der Lage, die eigene komplette Arbeitsleistung abzurufen. Die Studie zeigt, dass diese Art eines organisationsweiten und ganzheitlichen Inklusionskonzeptes auch zur Integration anderer Minderheiten beiträgt. Von zentraler Bedeutung ist hier, den Fokus auf die Stärken und deren Ausbau zu legen, anstatt die Schwächen und den Abbau dieser Defizite in den Mittelpunkt zu rücken (vgl. Kensbock/Böhm 2018, S. 23).

Die Untersuchung der Audi AG weist signifikante Parallelen zu dieser Studie auf, da auch dort die Bedeutung der Führungskräfte und die zentrale Rolle bei einer erfolgreichen Inklusion hervorgehoben wurden (vgl. Baumgärtner/Böhm 2018, S. 18).

Die Studie im Call-Center weist allerdings auch einige Schwächen auf. Hierbei gilt es zu untersuchen, ob eine derart tiefgreifende Inklusion in diesem Maße auch in anderen Unternehmen, insbesondere in KMU reproduzierbar ist und ob sich Firmenkulturen und Firmenphilosophien so grundlegend verändern können, dass ein Fokus auf den Input statt auf den Output möglich ist. Ein Vergleich mit anderen Unternehmen und ähnlichen Führungsstilen sowie deren erfolgreiche Inklusion wäre der nächste Ansatz für weitere Untersuchungen. Des Weiteren stellt sich die Frage, ob andere Führungsstile eine ähnlich positive Inklusion hervorrufen.

3.4 Stigma und Beziehungsqualitäten

Mit der Frage, wie eine Behinderung die Arbeitsplatzerfahrungen von Mitarbeitenden beeinflusst und was genau Organisationen tun können, um eventuelle negative Effekte abzumildern, beschäftigte sich eine Studie über behinderungsbedingtes Stigma. Die angewendete Methode umfasst zwei große quantitative Studien in Deutschland (vgl. Böhm/Dwertmann/Brzykcy 2018, S. 27).

Die erste Studie untersuchte, ob ein allgemeiner, negativer Labeling-Effekt auftritt, das heißt, ob eine Bezeichnung „Schwerbehinderte*r" die gesellschaftliche Inklusion erschwert. Die Untersuchung griff auf einen Datensatz zurück, der Antworten von 8.019 Individuen enthielt. 845 Befragte gaben an, eine Behinderung zu haben. Die Studie verglich Personen, die nahe an der Grenze einer Behinderung liegen. So zeigten sich im unteren Grad der Behinderung keine stark abweichenden Unterschiede zwischen den befragten Personen. An der Schwelle von 50 % wurde allerdings ein Rückgang bei den Möglichkeiten zur Sozialisierung wahrgenommen, das heißt, die Bezeichnung, also das Label der Schwerbehinderung, hat einen negativen Effekt auf die Fremd- und Selbstwahrnehmung der betroffenen Personen (vgl. Böhm/Dwertmann/Brzykcy 2018, S. 29).

Die zweite Studie untersuchte den Zusammenhang zwischen Stigma und Behinderung für die Beziehung zwischen Führungskraft und Mitarbeitenden. Mitarbeitende mit einer hohen Beziehungsqualität profitieren von Feedback, Informationen und Möglichkeiten der Entwicklung (vgl. Böhm/Dwertmann/Brzykcy 2018, S. 29). Die Qualität dieser Beziehungen wird geprägt von demografisch ähnlichen Attributen der betroffenen Personen. Verantwortlich dafür ist die Tatsache, dass ähnliche soziale Identitäten Verständnis und Sympathie hervorrufen können. Daraufhin prüfte die Studie, ob dies auch in der Arbeit mit behinderten Menschen wiederzufinden ist. Es gibt entweder homogene Konstellationen (beide oder keine der Parteien hat eine Behinderung) oder heterogene Konstellationen (eine der beiden Parteien hat eine Behinderung). Die empirische Überprüfung zeigte, dass homogene Gruppierungen durchaus zu einer höheren Beziehungsqualität führen. Die geringste Beziehungsqualität zeigte sich in Fällen, in denen die Führungskraft keine Behinderung aufwies, die/der Mitarbeitende jedoch behindert war. Beide Studien zeigten des Weiteren, dass in einem Inklusionsklima, welches ein Gefühl der Zugehörigkeit vermittelt, aber zum selben Zeitpunkt erlaubt, die persönlichen Eigenschaften zu stärken, behinderungsbasierte Unterschiede eine geringe Rolle spielten. Mithilfe eines starken Inklusionsklimas kann eine ebenso gute Beziehungsqualität erreicht werden wie in homogenen Konstellationen (vgl. Böhm/Dwertmann/Brzykcy 2018, S. 30).

Daraus resultierend empfiehlt die Untersuchung, negative Bezeichnungen, die eine erfolgreiche Inklusion erschweren, zu vermeiden. Auf diese Weise könnten Mitarbeitende mit Behinderung als „Mitarbeitende mit Leistungsumwandlung" oder „employees with different abilities" (Böhm/Dwertmann/Brzykcy 2018, S. 27) bezeichnet werden. Als nächste Handlungsstrategie empfiehlt die Studie eine Vermeidung von Vorurteilen und Stigmata, die Förderung eines inklusiven Klimas, zum Beispiel durch Diversity-Trainings inklusive HR-

Praktiken sowie die Schaffung formaler Mentoren-Programme und offizieller Diversity-Beauftragter (vgl. Böhm/Dwertmann/Brzykcy 2018, S. 30).

Beide Studien sind von quantitativer Natur und repräsentieren einen guten Durchschnitt der Bevölkerung. Bei der zweiten Studie wurde allerdings nur eine Behörde, bzw. ein Unternehmen befragt. Hierbei stellt sich also die Frage, inwiefern diese Resultate auch auf andere Unternehmen zutreffen. Insbesondere wäre hier die Festlegung für Stigmata und Stereotype interessant. Die Studie legt zum Beispiel nicht dar, ab wann sich ein Mensch von einem Stereotyp oder Stigma betroffen fühlt bzw. diese persönlich nimmt.

3.5 Vorurteile

Eine weitere Studie wurde von Lyubykh, Turner, Barling, Reich und Batten durchgeführt. Diese untersuchte, wie sich die unterschiedlichen Arten von Behinderung auf die Vorurteile von Führungskräften gegenüber den Mitarbeitenden mit Behinderung auswirken. Hierzu wurde den 1.065 Führungskräften jeweils eines von drei Szenarien vorgelegt, in denen ein*e fiktive*r Mitarbeitende eine medizinische Dokumentation und die Art der Behinderung vorstellte, also eine psychische oder physische Behinderung oder eine Diagnose, die noch nicht bestätigt wurde. Eine Kontrollgruppe erhielt diese Dokumentation, ohne die spezifische Diagnose der Behinderung darin bekannt zu geben. Die Resultate zeigen hier, dass nicht alle Arten von Behinderung als gleich angesehen werden, vielmehr besteht eine Hierarchie (vgl. Lyubykh et al. 2020, S. 11). Eine psychische Behinderung, die bekannt ist, wurde als negativer, aggressiv und wenig vertrauenswürdig wahrgenommen als eine offengelegte physische Behinderung. Im Vergleich zwischen Mitarbeitenden, deren Diagnose noch nicht spezifiziert wurde, gab es keinen Unterschied zu gesunden Mitarbeitenden mit einer Diagnose, die bekannt gegeben wurde (Lyubykh et al. 2020, S. 12).

Diese Resultate könnten zu der Annahme führen, dass es gut wäre, die Art der Behinderung nicht offenzulegen. Allerdings hat ein Verschweigen einer Behinderung oft negative Konsequenzen für den Allgemeinzustand der Mitarbeitenden. Des Weiteren kann eine physische Behinderung auch als psychische Behinderung wahrgenommen werden, was wiederum eine schlechtere Einstellung gegenüber der/dem Betroffenen hervorrufen kann. Deshalb könnte die psychische Behinderung der Mitarbeitenden zwar offengelegt werden, die Art der genauen Behinderung sollte allerdings nicht konkretisiert werden (vgl. Lyubykh et al. 2020, S. 13).

Die Stereotype und Stigmata, die einer psychischen Behinderung anhaften, sind vielfältig. Die Untersuchung konnte nicht feststellen, ob die Mitarbeitenden ihr Verhalten veränderten, sobald sie auf Vorurteile von Führungspersonen stießen. Da die Studie des Weiteren auf fiktiven medizinischen Dokumenten basierte, wäre interessant, zu untersuchen, ob diese Resultate auch in realen Unternehmen und in realen Situationen replizierbar sind (vgl. Lyubykh et al. 2020, S. 14). Die Teilnehmenden der Untersuchung kamen hauptsächlich aus den USA, deshalb könnte weiterhin untersucht werden, ob es Unterschiede zu anderen Kulturen gibt.

3.6 Digitalisierung

Eine weitere Studie ging der Frage nach, ob die Digitalisierung und die damit einhergehenden technischen und gesellschaftlichen Veränderungsprozesse die Lage von Menschen mit Behinderung in Unternehmen verändert haben und noch verändern werden (vgl. Metzler/Jansen/Kurtenacker 2020, S. 6). Dazu wurde im Rahmen des IW-Personalpanels, einer jährlichen, repräsentativen Onlinebefragung von Personalverantwortlichen, ein Themenschwerpunkt auf die „Beschäftigung von Menschen mit Behinderung in Zeiten der Digitalisierung" (Metzler/Jansen/Kurtenacker 2020, S. 7) gesetzt. 1.226 Unternehmen nahmen an der Untersuchung teil. Diese Unternehmen wurden stichprobenartig und zufällig nach der Anzahl der Mitarbeitenden und der Branche aus der Datenbank der IW Consult ausgewählt (vgl. Metzler/Jansen/Kurtenacker 2020, S. 6).

Generell hat die Studie ergeben, dass die Digitalisierung sich positiv auf die Inklusion von Menschen mit Behinderung auswirkt (vgl. Metzler/Jansen/Kurtenacker 2020 S. 3). 29,8 Prozent der Unternehmen, die Menschen mit Behinderung bereits beschäftigten, gaben an, Digitalisierung als Chance für die Beschäftigung wahrzunehmen (vgl. Metzler/Jansen/Kurtenacker 2020 S. 25). Des Weiteren waren stark digitalisierte Unternehmen schon aktiver darin, Menschen mit Behinderung zu beschäftigen als weniger digitalisierte Unternehmen. Mobile Endgeräte erleichterten hier den Alltag der Beschäftigten, besonders die Arbeit mit Notebooks und Online-Kommunikationsdiensten (z. B. WhatsApp) (vgl. Metzler/Jansen/Kurtenacker 2020, S. 3). 20 Prozent der befragten Unternehmen nutzten digitale Technologien, um Menschen mit Behinderung gezielt zu integrieren und unterstützen (vgl. Metzler/Jansen/Kurtenacker 2020, S. 3).

Ein weiterer Punkt war die schnelle und unkomplizierte Informationsverfügbarkeit für KMU. Diese beschäftigten weniger oft Menschen mit Behinderung und mussten oft bezüglich des Themas „digitale Technologien" aufholen. Zusätzlich fehlte bei diesen Unternehmensgrößen oft die Erfahrung im Umgang und bei der Beschäftigung von Menschen mit Behinderung. Nur 60 Prozent waren ausreichend über Hilfsmittel und Arbeitsplatzgestaltung informiert (vgl. Metzler/Jansen/Kurtenacker 2020, S. 3).

Die Ergebnisse der Studie zeigen, dass Digitalisierung einen Mehrwert zur Inklusion schaffen kann. Hier zeigt sich, dass gerade KMU Unterstützung benötigen, da hier oft weniger

Menschen mit Behinderung beschäftigt sind (vgl. Metzler/Jansen/Kurtenacker 2020, S. 25). Die Studie gibt gute Einblicke in die Digitalisierung und die Eingliederung von Menschen mit Behinderung.

Trotz der Aktualität der Studie wurde sie noch vor dem aktuellen Ausbruch des Coronavirus in Deutschland und des Lockdowns veröffentlicht. Die Digitalisierung hat jedoch während des Lockdowns einen sprunghaften Anstieg erfahren (vgl. Gentemann/Pols, 2020). Interessant wäre hier eine weitere Untersuchung dahin gehend, inwiefern sich die zunehmende Digitalisierung während des Lockdowns auf Menschen mit Behinderung ausgewirkt hat bzw. auswirkt.

4. Fazit

Alle fünf Artikel zeigten wiederkehrende Themen und boten einen guten Überblick über das Thema „Menschen mit Behinderung im Talent Management". Die tabellarische Übersicht (siehe Anhang 1) stellte alle Artikel übersichtlich dar und verglich diese hinsichtlich der Themen, Methoden, Stärken und Schwächen. Hierbei stellte sich heraus, dass jede Untersuchung Schwachstellen aufwies. So wurde die Mehrheit der Untersuchungen in großen Unternehmen durchgeführt. Interessant wäre aber, ob die verschiedenen Themen auch in KMU replizierbar sind.

Hinsichtlich der Wahl der Methoden wurde ein ausreichend breites Spektrum an Variationen im Bereich der qualitativen und quantitativen Untersuchungsmethoden angewendet.

Abschließend lässt sich zusammenfassen, dass es einige zentrale Themenschwerpunkte gibt, die bei behinderten Menschen im Talentmanagement zu beachten sind. Wichtige Faktoren sind eine unternehmensweite Inklusionskultur (vgl. Kensbock/Böhm 2018, S. 25), bei welcher die Führungsperson eine besonders wichtige Rolle bei der Integration der Mitarbeitenden spielt (vgl. Baumgärtner/Böhm 2018, S. 16) sowie der Abbau von Vorurteilen gegenüber Mitarbeitenden mit Behinderung, beispielsweise durch Diversity-Lehrgängen (vgl. Böhm/Dwertmann/Brzykcy 2018, S. 30) oder Abschaffung von Labels (vgl. Böhm/Dwertmann/Brzykcy 2018, S. 27). Ein Tool zur erfolgreichen Inklusion können mobile Technologien darstellen (vgl. Metzler/Jansen/Kurtenacker 2020, S. 3). Ferner ist die Bekanntgabe einer psychischen Diagnose nicht immer hilfreich zur erfolgreichen und positiven Inklusion der Angestellten (vgl. Lyubykh et al. 2020. S. 13).

Anhang

Anhang 1: Tabellarischer Vergleich der Fachartikel

	Fachartikel 1:	Fachartikel 2:	Fachartikel 3:	Fachartikel 4:	Fachartikel 5:
	„Inklusionsklima durch HR-Praktiken"	„Führung als Erfolgsfaktor für die Inklusion von Menschen mit Behinderung"	„Behinderungsbedingtes Stigma-Herausforderungen und Lösungsansätze"	"Employee disability disclosure and managerial prejudices in the return-to-work context"	„Betriebliche Inklusion für Menschen mit Behinderung in Zeiten der Digitalisierung"
Fragestellung/ Zielsetzung	Schaffung eines positiven Klimas durch inklusive HR-Praktiken und einer Neuintegration von Mitarbeitenden mit Behinderung.	Transformationale Führung. Wie wirkt sich diese auf Gesundheit und Arbeitsleistung dieser Mitarbeitenden mit Behinderung aus?	Einflussfaktoren einer Behinderung auf die Arbeitsplatzerfahrung von Mitarbeitenden und was kann ein Unternehmen tun, um negative Effekte abzuschwächen?	Inwiefern trägt die Art der Behinderung dazu bei, dass Führungskräfte Vorurteile gegenüber diesen Mitarbeitenden haben?	Bietet Digitalisierung neue Chancen für Beschäftigte mit Behinderung, welche Auswirkungen hat Digitalisierung und welche Informationen werden gebraucht
Methodisches Vorgehen	Audi AG: qualitative Fokusgruppeninterviews mit allen Stakeholder-Gruppen, zwei quantitative Fragebogenerhebungen.	Israelisches Callcenter: Interviews mit den behinderten Mitarbeitenden und den Führungskräften + Fragebogenerhebung	Zwei quantitative Studien wurden in Deutschland durchgeführt.	Führungskräften wurde die medizinische Dokumentation eines fiktiven Mitarbeiters vorgelegt, welche die Behinderung offenlegte, der Kontrollgruppe wurde die Dokumentation ohne Offenlegung der Behinderung vorgelegt.	Im Rahmen der IW-Personalpanels einer jährlichen Onlinebefragung gab es einen Themenschwerpunkt zu Behinderung und Digitalisierung. Zufällige Auswahl aus der Datenbank der IW Consult.

Themen	Die Rolle der Führungskräfte, organisationsweite und einheitliche Inklusionspraktiken.	Die Rolle der Führungskräfte, transformationale Führung, Fokus auf psychische Gesundheit und Wohlergehen aller Mitarbeitenden.	Die Bezeichnung als Mensch mit Behinderung kann die Fremd- und Selbstwahrnehmung beeinflussen, Labeling fördert Stigma, welches die Beziehungen negativ beeinflusst.	Inwiefern wirkt sich die Diagnose bzw. das Vorhandensein der Diagnose auf Vorurteile der Führungskraft gegenüber Mitarbeitenden mit Behinderung aus?	Chancen durch Digitalisierung, Digitalisierung im Arbeitsalltag von Menschen mit Behinderung.
Ergebnisse	Durch Anwendung und Gestaltung inklusiver HR-Praktiken können Unternehmen die älteren Mitarbeitenden mit Behinderung reintegrieren und die Unternehmensperformance steigern.	Training der Führungskräfte. Einführung eines ganzheitlichen Inklusionskonzeptes mit Anpassung der Unternehmenskultur und der HR-Praktiken.	Durch ein organisationsweites Inklusionsklima können negative Folgen verringert werden, negative Beziehungen und Vorurteile sollten vermieden werden.	Psychische Diagnosen und Behinderungen wurden als negativ wahrgenommen, Psychische Behinderung wird negativer eingestuft als eine unbestätigte Diagnose oder physische Behinderung.	Mobile Endgeräte erleichtern den Alltag von Menschen mit Behinderung, viele Unternehmens sehen in der Digitalisierung eine Chance für die Beschäftigung dieser Menschen.
Stärken der Untersuchung	Bedeutung eines organisationsweiten einheitlichen Handelns.	Zeigt ein Idealbild einer erfolgreichen Inklusion, die Bedeutung des transformationalen Führungsstils und die Wichtigkeit der Führungskräfte.	Guter Querschnitt durch die Bevölkerung.	Repräsentativer Schnitt.	Hohe Qualität der Antworten, da richtigen Ansprechpartner per Telefon erfragt wurden.
Schwächen der Untersuchung	Nicht zwingend reproduzierbar auf kleinere und mittelständische Unternehmen.	Nicht zwingend reproduzierbar auf andere Unternehmen.	Nur rein quantitative Studie, bei welcher die Vielschichtigkeit des Themas potenziell untergeht	Die Studie ist möglicherweise nicht auf andere Kulturen replizierbar, auch können rechtliche Rahmenbedingungen	Anteilig mehr große Unternehmen und Unternehmen der Industrie als in der Grundgesamtheit vorhanden. Unsichtbare Behinderung kann nicht immer genau eingeschätzt werden.

	bzw. außer Acht gelassen wird.	variieren. Die Studie wurde mit fiktiven Dokumenten durchgeführt, eventuell ändern sich die Resultate, wenn diese in realen Situationen durchgeführt wird.

Literaturverzeichnis

Baumgärtner, Miriam/Böhm, Stephan (2018): Inklusionsklima durch HR-Praktiken. Wertschätzung und Wertschöpfung. In: PERSONALquarterly, 70. Jg., Nr. 04, S. 14–19

Bittlingmaier, Torsten (2019): Talent Management erfolgreich implementieren. Freiburg, Haufe-Lexware

Böhm, Stephan/Dwertmann, David/Brzykcy, Anna (2018): Behinderungsbedingtes Stigma. Herausforderungen und Lösungsansätze. In: PERSONALquarterly, 70. Jg., Nr. 04, S. 26–31

Enaux, Claudius/Henrich, Fabian (2011): Grundlagen des Talent Managements. In: Meiffert, Matthias T. (Hrsg.): Strategisches Talent Management – Talente systematisch finden, entwickeln und binden. Freiburg, Haufe-Lexware, S. 9-45

Gentemann, Lukas/Pols, Axel (2020): Corona führt zu einem Digitalisierungs-schub. Online im Internet, https://www.bitkom-research.de/de/pressemitteilung/corona-fuehrt-zu-einem-digitalisierungsschub, Abfrage v. 21.09.2020

Gutmann, Joachim (2018): HR-Diversität: Internationalisierung und Talentmanagement. In: Gutmann, Joachim/Schwuchow, Karlheinz (Hrsg.): HR Trends 2019. Freiburg, Haufe-Lexware, S. 277-394

Gutmann, Joachim/Schwuchow, Karlheinz (Hrsg.) (2018): HR-Trends 2019. Freiburg, Haufe-Lexware

Kabst, Rüdiger/Krebs, Benjamin (2018): Erfolgsfaktoren für Inklusion und Diversität in Unternehmen. In: PERSONALquaterly, 70. Jg., Nr. 04, S. 3

Kensbock, Julia/Böhm, Stephan (2018): Führung als Erfolgsfaktor für die Inklusion von Menschen mit Behinderung. In: PERSONALquarterly, 70. Jg., Nr. 04, S. 20–25

Lyubykh, Zhanna/Turner, Nick/Barling, Julian/Reich, Tara C./Batten, Samantha (2020): Employee disability disclosure and managerial prejudices in the return-to-work context. Personnel Review ahead-of-print (ahead-of-print), Online im Internet, https://doi.org/10.1108/PR-11-2019-0654, Abfrage v. 25.10.2020

Meifert, Matthias T. (Hrsg.) (2011): Strategisches Talent Management – Talente systematisch finden, entwickeln und binden. Freiburg, Haufe-Lexware

Metzler, Christoph/Jansen, Anika/Kurtenacker, Andrea (2020): Betriebliche Inklusion für Menschen mit Behinderung in Zeiten der Digitalisierung. Köln. Nr. 07, Online im Internet, http://hdl.handle.net/10419/214718, Abfrage v. 21.10.2020

Sozialgesetzbuch [SGB IX] (2019): letzte Änderung: 14.12.2019, online unter https://www.sozialgesetzbuch-sgb.de/sgbix/2.html

X